UN ÉPISODE

D'HISTOIRE COLONIALE

LE VACHER DE LA CASE

A MADAGASCAR

DISCOURS

PRONONCÉ DANS LA SÉANCE SOLENNELLE DE RENTRÉE
DES ÉCOLES D'ENSEIGNEMENT SUPÉRIEUR DE L'ACADÉMIE D'ALGER

le 5 Février 1884

PAR

M. R. DE LA BLANCHÈRE

ALGER

ADOLPHE JOURDAN, LIBRAIRE-ÉDITEUR

IMPRIMEUR-LIBRAIRE DE L'ACADÉMIE

1884

UN ÉPISODE

D'HISTOIRE COLONIALE

LE VACHER DE LA CASE

A MADAGASCAR

DISCOURS

PRONONCÉ DANS LA SÉANCE SOLENNELLE DE RENTRÉE
DES ÉCOLES D'ENSEIGNEMENT SUPÉRIEUR DE L'ACADÉMIE D'ALGER

Le 5 Février 1884

PAR

M. R. DE LA BLANCHÈRE

ALGER

ADOLPHE JOURDAN, LIBRAIRE-ÉDITEUR

IMPRIMEUR-LIBRAIRE DE L'ACADÉMIE

—

1884

UN ÉPISODE
D'HISTOIRE COLONIALE

La France s'intéresse aujourd'hui, plus qu'elle ne l'a fait depuis longtemps, aux questions coloniales. Elle ne les résout pas toujours, vous le savez, comme le voudraient ses colonies. Mais elle s'en occupe, c'est beaucoup. Nos soldats combattent pour lui rendre dans les contrées de l'Extrême Orient quelque chose de cet empire Indien que le gouvernement de Louis XV a perdu, que la République et l'Empire n'ont pu reprendre. Plus près de nous, à Madagascar, nos armes sont aussi engagées : de vieux droits y ont été acquis par notre ancienne Monarchie ; notre République en hérite et ne veut pas qu'ils périssent en ses mains. C'est un épisode de nos luttes dans cette grande île africaine, que je voudrais vous retracer.

Rassurez-vous, je ne viens pas vous faire une leçon d'histoire. Je ne veux conter que la vie d'un homme, d'un Français de Madagascar, dont l'exemple fait voir ce que peut un Européen intelligent et hardi, même seul au milieu de Barbares, sans autre appui que son courage et sans rien devoir à personne. Héros modeste, s'il en fut, à peine connu de nos jours, caché dans un coin de l'histoire d'une entreprise qui avorta loin de la mère patrie, mais héros dans la force du terme, si la bravoure, la générosité, l'instinct et la passion des grandes choses, la patience dans une lutte sans repos contre les hommes et les événements, constituent vraiment l'héroïsme !

Il s'appelait Le Vacher de la Case. Sans autre idée que de voir le monde, il s'était embarqué sur un bâtiment du maréchal de La Meilleraye, qui l'apporta à Madagascar en 1656. Il n'y avait alors dans l'île qu'un peu plus d'une centaine de Français, presque tous en un point de la côte Sud, où s'élevait le *Fort Dauphin*, — pauvre fort, une mauvaise palissade, deux petits bastions sur la mer, et des huttes à l'intérieur. C'était le reste d'un établissement qui, fondé en 1642 par une compagnie de commerce, avait eu une certaine puissance sous la direction d'Étienne de Flacour. La compagnie était tombée, avait cédé la possession au maréchal de La Meilleraye, et tout allait de mal en pis. La Case, arrivant, devint l'hôte d'un indigène, Dian Rasisatte, prince ou seigneur d'Amboule.

Amboule était un gros village, comme toutes les résidences de ces chefs, entouré d'un grand territoire. Il n'était pas question encore des Hovas ni de leur empire. Cachés sur leur plateau dans le centre de l'île, ils n'eurent aucune part directe aux destins de la colonie. Des peuplades de même race qu'eux, ceux que les relations appellent *blancs*, existaient en diverses contrées, formant presque partout les classes supérieures de la population. Les Sakalaves, aujourd'hui nos alliés et plus ou moins indépendants au Nord-Ouest, et les peuples Malgaches, parmi lesquels on reconnaît sans peine des rameaux de races très diverses, sont confondus par les documents de cette époque sous le nom de *nègres*. Mais tous vivaient indépendants, chaque canton formait un vrai royaume, et les groupements ne se faisaient que suivant le hasard des conquêtes. Or Amboule était fort menacée. Dian Ramaël, un voisin, marchait contre elle pour la brûler, avec une armée de 15,000 hommes. Le coup d'essai de M. de La Case fut de le vaincre et de le tuer.

Ces guerres des Français à Madagascar sont un spectacle singulier. Avec des troupes de dix, vingt, cinquante hommes, les officiers du Fort Dauphin s'enfoncent dans cette île peuplée de 3 millions d'habitants. Ce sont les compagnons de Pizarre, avec la cruauté en moins. Comme eux, ils conquièrent des provinces avec une douzaine de soldats. Une fois, treize d'entre eux se battent tout un jour contre 6,000 Malgaches, et les forcent à lâcher prise. Sans doute, une part de l'honneur revient aux mousquets plus qu'aux hommes ; mais les Malgaches, s'ils n'en ont pas encore, n'éprouvent cependant point devant eux la terreur superstitieuse que les arquebuses de Cortès ont inspirée aux Mexicains. Ce ne sont pas d'inoffensifs Indiens comme les sujets des Incas : ce sont des guerriers courageux, qui se font tuer, et qui, s'ils le peuvent, tuent. C'est le courage qui leur impose, et leur chef vient dire aux Français : « Je veux faire la paix avec vous ; vous n'êtes pas des hommes, mais des lions. »

La Case d'ailleurs dédaignait au besoin la supériorité des armes. Après qu'à la tête des troupes de son ami le prince d'Amboule il eut vaincu Dian Ramaël, il provoqua Dian Dalax, allié de celui-ci, en combat singulier. La Case, sans autres armes que le bouclier et la sagaie, parut entre les deux armées, le combattit et le tua. On peut s'imaginer le prestige que cette action lui acquit : rien ne frappe les hommes primitifs comme les exploits chevaleresques. Après ce succès, il soumit les chefs rebelles du Sud, enleva leurs familles, et ne se montra pas moins habile à gagner les populations qu'à les vaincre. Il avait en peu de temps acquis l'usage parfait de la langue Madecasse ; et, se pliant aux conditions du pays avec cette souplesse qui est l'instinct des colonisateurs, « il était capable, dit la relation à laquelle j'emprunte son histoire, de gagner aux Français toute la nation. »

Quelle fut maintenant sa récompense? Un M. de Champmargou, qui commandait au Fort Dauphin, jaloux de ses succès et craignant son prestige, reçut fort mal l'aventurier qui se permettait d'être un héros sans avoir commission du Roi et du maréchal de La Meilleraye ; et le pauvre La Case, dégoûté, se retira près de Dian Rasisatte avec 5 Français et 300 Nègres, qui s'étaient attachés à sa fortune. La haine de Champmargou l'y poursuit : des assassins sont envoyés vers lui, et tuent l'un de ses compagnons ; il n'ose venir au Fort Dauphin, où sa vie n'est plus en sûreté, et il est réduit à former de ses nègres une garde autour de sa personne. Triste exemple, malheureusement peu rare ! Et l'histoire de nos colonies, même l'histoire contemporaine, ne nous fait voir que trop souvent l'homme hardi, l'explorateur, celui qui voit et ouvre les routes, découragé, dépossédé, écarté au nom de scrupules hiérarchiques, — comme s'il fallait un titre, un grade, une étiquette, pour avoir le droit de servir son pays.

Mais les hommes de la trempe de La Case ne sont pas faciles à briser. Et ici se place l'incident le plus curieux de cette histoire, un mariage, — presque un roman.

Dian Rasisatte, prince d'Amboule, avait une fille appelée Dian Nong. Ce n'est pas la coutume des femmes, dans les pays comme Madagascar, d'être cruelles aux Européens, et les dames de l'île Madecasse ont, en général, le cœur tendre et des mœurs qui n'ont rien d'austère. Il ne faut donc pas s'étonner si le sauveur de Dian Rasisatte plut à la fille de celui-ci, et leur amour explique un peu l'ardeur déployée par La Case. La Case épousa la princesse, la convertit, et, son père étant mort, il la fit proclamer souveraine dans cette principauté d'Amboule.

Vous serez peut-être bien aises de savoir comme était Dian Nong. La voici telle que la dépeint un homme d'esprit, qui la vit plus tard. « Dian Nong était d'une taille audessus de la médiocre. Elle avait la peau belle et la gorge bien faite, quoiqu'elle eût trois enfants du sieur de La Case ; les dents admirables, le fond des yeux d'une blancheur éblouissante, et la prunelle brune. Son habillement était un corset sans manches et un pagne de soie, de coton et d'herbe, qui la couvrait jusqu'aux genoux. Elle portait des tours de grains de corail, d'or et de petites coquilles fort rares, à la manière des dames du Cap-Vert, mais sans aucun de ces petits paquets remplis de caractères, qui se nomment grisgris, et qui sont aussi respectés à Madagascar que sur les côtes d'Afrique. Elle avait renoncé à cette superstition en abjurant le Mahométisme. Sa coiffure était composée de petites tresses de ses propres cheveux, qui tombaient jusqu'à la moitié de son corset par les côtés, et qui étaient tournés en rond par derrière. » Telle était Dian Nong ; quant à ses qualités, écoutons le même témoin. « Elle a donné, dit-il, mille exemples de générosité et de courage. Elle avait suivi La Case à la guerre. Il lui avait dû plus d'une fois la vie. Champmargou, qui cherchait à le faire périr, avait payé des nègres pour l'assassiner. Ils le surprirent endormi et sans garde, dans sa propre maison, où ils auraient pénétré jusqu'à lui, si Dian Nong, la sagaie à la main, ne se fût mise en état de les arrêter et ne lui eût donné le temps de se reconnaître. Elle l'avait sauvé dans une autre occasion, où elle fut blessée en combattant généreusement pour sa défense. » La femme était digne de l'époux : ne vous étonnez pas s'ils s'unirent, et du plus tendre attachement.

Voici donc La Case devenu roi de la riche vallée d'Amboule, honoré, craint, vénéré par presque tous les peuples de l'île, qui lui ont donné le nom de Dian Pousse, un de leurs anciens conquérants. Rien ne manque presque à sa fortune, il vit en repos dans sa principauté. Mais un souci lui reste encore. La colonie du Fort Dauphin agonise : de 170 Français, elle va bientôt se trouver réduite, par une série de morts et de désastres, à 107 pauvres gens contre qui l'île presque entière est insurgée. La Case ne peut laisser périr ses malheureux compatriotes. Il oublie tout, la jalousie, les dégoûts, les assassins envoyés contre lui. Il rentre en scène, et alors recommencent ses fabuleuses expéditions. Il marche avec 10 Français et 1,000 Nègres qu'il habitue à vaincre: Dian Manang, le plus puissant des rois, est battu et poursuivi sans trève; en un clin d'œil, 5,000 captifs et 15,000 bœufs sont ramassés; des armées sont mises en déroute par la terreur de son nom de Dian Pousse; il sauve deux fois le Fort Dauphin, et des ennemis et de la famine.

Mais déjà, par les soins de Colbert, la succession de La Meilleraye cède ses droits sur l'île Dauphine (ainsi s'appelle Madagascar en France), à une compagnie, dite des *Indes Orientales*, dont le Roi même est souscripteur. Madagascar, dans sa pensée, doit être une étape vers l'Inde : l'île sera colonisée, elle sera une France d'Orient, et on lui en donne le nom. En juillet 1665, quatre vaisseaux de la Compagnie viennent en prendre possession. Ils ont à bord tout le personnel d'une administration nouvelle, où figure avec un haut rang le narrateur de cette histoire, appelé Souchu de Rennefort. Rien n'est plus curieux dans son livre que le contraste entre les beaux succès d'un noble aventurier comme La Case, et la misère de l'établissement officiel. C'est que La Case agit, les autres se disputent.

Il faut, Messieurs, que vous me permettiez de dire du mal de nous pendant quelques minutes : nous nous consolerons en retrouvant La Case. Que pensez-vous que firent ces Français, perdus au fond de l'Océan Indien, dans une situation dangereuse, alors qu'un rien pouvait leur donner l'île, un rien les réduire à la ruine, à la mort? Eh bien, Messieurs, ils discutèrent, ils firent de l'administration. Ils formaient des partis, et ce groupe imperceptible, loin de tout, avait une politique intérieure. Ils n'étaient pas deux cents, ils n'avaient rien au monde, et ils possédaient plus de fonctionnaires que l'ancienne Rome n'en envoyait pour gouverner une de ces provinces qui sont nos empires d'aujourd'hui. Et cela ne fit qu'augmenter. Il y eut un Conseil de la France Orientale, avec Président, Garde des Sceaux, Procureur général, Secrétaire du Roi ; un Lieutenant-Général, des Commandants, un Major ; il y eut un Gouverneur et je ne sais combien d'Officiers ; avec cela des Directeurs, des Facteurs de la Compagnie, des autorités ecclésiastiques, civiles, militaires, judiciaires, commerciales, des commis. C'est à croire que tout ressemblait à cette fameuse troupe carliste, dont les cadres étaient si complets, qu'une fois pourvu à tous les grades, il ne resta plus de simples soldats. Avec cela, des dissensions. Champmargou, que la Compagnie avait eu le tort de prendre à son service, et qui fut le mauvais génie de cette colonie malheureuse, avait son parti ; le président, M. de Beaüsse, ne s'entendait pas avec lui et ne savait pas s'imposer aux autres ; Rennefort seul, Secrétaire du Roi, était d'accord avec La Case et comprenait ce qu'il y avait à faire. La discussion est une bonne chose, l'administration en est une bonne aussi, et Dieu nous garde d'en médire ! Il faut seulement qu'elles viennent à leur temps, et ne gênent pas l'action, qui seule fonde. Mais c'est toujours le même travers : quatre personnes font déjà des partis ; on n'a pas de pain, on a des assemblées ; pas de maisons encore, et déjà des bureaux !... Voilà de quoi mourait la colonie, malgré les secours — car bientôt ce furent de grosses flottes qui abordèrent, — malgré le courage des hommes et le mérite de quelques-uns des chefs.

Il eût été facile cependant de tirer parti de La Case. Cet homme, brave et bon, qui ne dépendait nullement de la Compagnie, et qui, certes, ne lui devait rien, ne demandait qu'à la servir. Mais on ne l'employait qu'à regret : il fallait que Champmargou eût envie de l'éloigner, ou que la ruine fût imminente.

Après que la Compagnie des Indes eut pris possession du Fort Dauphin, Dian Nong y vint faire visite, « autant pour faire briller ses charmes, dit Rennefort, que pour y porter son hommage. » Laissez-moi vous lire, Messieurs, le récit de cette visite : il me semble qu'elle complète le portrait de mon humble héros, — de mes héros, car Mme de La Case est, elle aussi, une héroïne. « Elle se fit apporter, dit Rennefort, dans un *tacon*, espèce de brancard que deux hommes soutiennent sur leurs épaules, accompagnée de douze femmes qu'on portait de même, de cinquante autres femmes et de quatre cents hommes à pied. Étant descendue à cinq cents pas du Fort pour faire camper son corps de troupes, elle se mit en marche avec ses femmes, précédée seulement de vingt gardes, armés de zagaies et de boucliers, avec La Case à leur tête. Elle fut reçue dans le Fort. La Case, lui servant d'interprète dans la visite qu'elle fit au Président, témoigna pour elle combien elle se croyait redevable envers les Français, et demanda la continuation de leur amitié. Ses douze femmes présentèrent douze petites corbeilles de jonc, remplies de fleurs d'orange, de jasmin et de grenade, avec six manilles d'or et une pierre précieuse sur chaque corbeille. Les cinquante autres offrirent aussi chacune leur panier, plein des meilleurs fruits du pays, et d'excellentes racines dont le goût vaut celui des marrons de Lyon. Dian Nong, en se retirant, laissa vingt bœufs à la porte. Ce présent fut donné de fort bonne grâce, mais reconnu avec si peu de libéralité que la Princesse, qui savait bien que les grains de verre qu'on lui donna n'étaient pas d'un grand prix, s'en retourna peu satisfaite. Elle déclara librement que des gens qui s'entendaient si mal en générosité pour des princes dont l'amitié leur était nécessaire, devaient espérer peu de succès dans leur entreprise. »

Dian Nong ne manquait pas d'esprit, — pour une princesse en pagne court et qui portait à ses oreilles, « dans un trou de la grandeur d'un œuf, un rond de bois enrichi de plaques d'or. » Mais La Case ne tint pas rancune aux personnages du Fort Dauphin de leur réception mesquine. On avait besoin de lui, il partit, et cette campagne est peut-être encore plus extraordinaire que les autres.

La Case part avec 30 Français et un corps d'auxiliaires indigènes. Il traverse de hautes montagnes et se rend dans la province d'Amboule, où il a donné rendez-vous à ses troupes. Il y trouve 1,500 nègres des bas pays de l'île et 1,200 Amboulois ; 2,000 autres de ceux-ci arrivent le lendemain, et il se trouve à la tête d'une armée de 6,000 hommes, sans compter les 30 Français. C'est la plus forte qu'il ait eue ; mais Dian Ravaras, l'ennemi, en a une de 18,000 hommes. Les troupes de La Case répétent pour cri de guerre son nom de *Dian Pousse,* et les plus braves guerriers de toute l'île s'enfuient aux premiers coups de feu. On va ensuite délivrer une chrétienne, fille d'un ancien commandant du Fort Dauphin et d'une princesse nègre, qu'un roi a prise parmi ses femmes et refuse absolument de rendre. Autre victoire : on enlève 1,500 bœufs, 800 hommes, et La Case vient déjà de saisir 3,000 hommes et 15,000 bêtes. Car c'est une vraie guerre Malgache, nègres contre nègres, comme en font ces grands desquels Flacourt raconte qu'ils cherchent noise à leurs voisins, « non pour avoir été par eux offensés, mais seulement à cause qu'ils ont bien des bœufs et qu'ils sont riches, disant hautement que ceux-là sont leurs ennemis, qui ont beaucoup de bœufs. »

La Case fait la revue de ses troupes : il lui reste 5,580 nègres et 29 Français ; un de ceux-ci est demeuré malade, 20 indigènes seulement ont péri. Avec cela on traîne une prise de 500 esclaves et 20,000 bœufs. Sa chère Dian Nong, comme Rennefort l'appelle, vient le rejoindre, — et malheureusement aussi Champmargou.

Ici se place un incident qui peint le désordre de la colonie et la magnanimité de La Case, se sacrifiant lui-même à la paix. Les héritiers de La Meilleraye, c'est-à-dire le duc de Mazarin, avaient fait concession de l'île à la compagnie des Indes Orientales, au service de laquelle Champmargou était lui-même engagé désormais. Il osa néanmoins prétendre que les anciens Français, non amenés par elle, étaient toujours soumis à son autorité à lui,

et il se mit en possession de l'immense butin de La Case.
La Case, toujours désintéressé, ne dit rien : un mot de
lui eût déchaîné une guerre, et c'en était fait de la France
Orientale ! Le Conseil Souverain lui-même avait si peu
d'autorité, qu'à deux lieues du fort, Champmargou put
parquer le bétail confisqué, et qu'on n'osa même pas con-
tester l'étrange droit dont il faisait usage. Tout ce qu'on
put faire, fut d'honorer La Case. On lui envoya des com-
pliments, une épée, une lieutenance. Le héros — c'est
ainsi que Rennefort l'appelle presque à chaque page, —
en fut si ému, après neuf ans de tracasseries et de déboi-
res, qu'il offrit, pour peu qu'on l'aidât, d'entreprendre
la conquête de l'île ; mais il fut à peine écouté.

En attendant, époux d'une princesse, conquérant de
royaumes, emmenant des troupeaux d'esclaves et de
bœufs, La Case manquait de tout, souffrant des priva-
tions les plus sensibles. On a beau régner à Amboule,
on ne peut renoncer aux habitudes civilisées : on ne
saurait se passer de culottes, quand on n'y est pas habi-
tué ; et quelle figure allait-il faire, dans son grade nou-
veau, devant ses compatriotes, lui à qui il restait rien ?
Par grand bonheur, quelqu'un lui vint en aide. « Rennefort, dit la relation, affligé de le voir presque nu, lui
envoya des dentelles et deux justaucorps. Mais, plus
sensible à l'honneur qu'à l'abondance et aux commodités
de la vie, il ne voulut recevoir ce présent qu'après avoir
fait accepter à son bienfaiteur quelques pierreries qui
faisaient toute sa richesse. » N'y a-t-il pas quelque chose
de touchant dans cette simple générosité, où le gentil-
homme français reparaît dans l'époux de la princesse
Dian Nong, dans le terrible chef Dian Pousse ?

La colonie continuait à languir, bien qu'elle fût devenue
plus nombreuse. Le Marquis de Montdevergue, gouverneur pour le Roi, vint avec 10 vaisseaux de la Compagnie, qui laissèrent quelques centaines d'hommes, des
femmes, quatre petites compagnies d'infanterie, et une
nouvelle nuée d'employés. Le Fort Dauphin manquait de

tout. Quand les nouveaux venus l'aperçurent, « leur étonnement fut extrême, dit la relation de ce voyage, de voir ce fameux fort, où leur nation était établie depuis vingt-cinq ans, en si mauvais état qu'à peine offrait-il quelques huttes pour le logement des principaux officiers. Il ne présentait, du côté de la mer, que deux petits bastions ruinés et quelques pieux irréguliers, avec neuf pièces de canon de fer sans affûts. » Vaisseaux, marchands, soldats, colons, tout avait péri, ou traînait dans le délabrement et la misère.

La Case seul ne désespérait pas. Enfin traité d'une manière équitable par la nouvelle administration, il s'occupait, ne pouvant faire plus, de son établissement personnel. Il s'était fait une résidence sur les domaines de sa femme, dans un lieu nommé Andravoule, et y vivait aimé du gouverneur, admiré et craint des Indigènes. Il eut cependant un rival dans la terreur qu'il inspirait, — mais un rival à quatre pattes. Le premier cheval qui débarqua dans l'île fit aux Nègres une si grande peur, « qu'ils le nommèrent *Dian Beliche,* qui signifie Roi des Diables, et, dans une action où Champmargou le fit monter par un de ses domestiques, les ennemis, au nombre de sept ou huit mille, se renversèrent avec une confusion surprenante à la vue de ce terrible animal. On en fit un grand carnage, et leur chef périt dans la mêlée. Cependant un de ses favoris, désespéré de la mort de son prince et résolu de ne pas lui survivre, attendit Dian Beliche de pied ferme, et lui lança une sagaie qui le blessa au poitrail. Le sang qu'il vit couler lui ayant appris que ce monstre n'était pas immortel, il acheva de le tuer à coups de sagaies, sans épargner le cavalier qui avait été renversé. »

La Case, toujours plein du désir de voir la France agir sérieusement à Madagascar, s'embarqua avec Montdevergue, le 15 avril 1670, pour aller s'y faire connaître et témoigner de ce qu'il savait. Mais une tempête les ramena, et Montdevergue ne repartit qu'en février 1671. Dans l'intervalle, la Compagnie avait cédé Madagascar au Roi ; M. de La Haye, amiral et lieutenant-général pour S. M. dans l'île Dauphine et dans toutes les Indes, était arrivé avec 10 vaisseaux ; et La Case, à qui enfin pleine justice était rendue, était nommé major de l'île (nov. 1670).

Un des premiers soins de La Haye fut de rendre une visite solennelle à Mme de La Case. La princesse le reçut à Andravoule, et il déploya une pompe destinée à effacer le fâcheux souvenir de la visite au Fort Dauphin. Mais La Case, pris d'un mal du pays, survécut peu à ces nouveaux honneurs. Il mourut en juin suivant ; et, comme ce n'est guère l'usage des princesses de Madagascar de se passer longtemps d'un mari, sa veuve épousa secrètement, le 27 juillet de la même année, un Français du nom de Thomassin, ce qui fâcha M. de La Haye. Dix jours avant son mariage, elle avait marié l'aînée des filles qu'elle avait eues de La Case avec un lieutenant réformé, appelé M. de La Bretesche, qui fut pourvu de l'emploi vacant.

Mais l'île Dauphine était condamnée, et dès le temps de la Compagnie. Celle-ci avait avec succès touché l'Inde, son véritable but. Le grand comptoir de Surate, la côte de Malabar, Ceylan, que l'on convoitait, Bourbon, qui se colonisait et où se forma un peuple créole, absorbaient désormais l'attention. C'est là que les grands armements et que tous les efforts se portent ; tout au plus passe-t-on à Madagascar, que les gouverneurs ont abandonnée. Les malheureux perdus au Fort Dauphin ne demandent plus qu'à fuir.

Enfin, en 1673, un grand vaisseau, qui allait à Surate, prit à son bord les missionnaires et tous ceux qui voulurent s'en aller. La Bretesche y mit sa femme, ses belles-sœurs, sa famille, demeurant lui-même à son poste. Mais les nègres des habitations, voyant partir peu à peu tant de monde, s'entendirent avec Dian Manang, le plus puissant des rois ennemis, et massacrèrent, la nuit même, tous les Français qu'ils purent saisir. Le navire, fort heureusement, n'avait pas encore pris la mer; et une de ses chaloupes, s'avançant sous le rempart du Fort Dauphin, emporta tout ce qui restait de la *France orientale*.

Messieurs, si je faisais l'histoire de l'établissement du Fort Dauphin, je devrais vous montrer maintenant ses ruines désertes pendant un siècle, relevées un moment sous Louis XV, puis occupées par les Hovas quand ils ont fondé leur empire, et enfin les marins français canonnant maintenant ces ouvrages qui ont abrité trente ans leurs ancêtres. Mais je me tais. Ce n'est pas devant vous, citoyens, amis, gouvernants de la plus grande colonie qui nous reste, que je soulignerai les nobles enseignements qu'offre cette page trop peu connue de notre histoire coloniale. Quand même elle n'en donnerait aucun, elle nous aura fait admirer un glorieux compatriote, et cela fait toujours plaisir; elle nous aura fait désirer de voir la France orientale renaître, et cela ne peut faire que du bien (1).

(1) Les détails de l'histoire de Le Vacher de La Case se trouvent dans les *Mémoires pour servir à l'Histoire des Indes Orientales*, par Souchu de Rennefort, publiés à Paris en 1631, dans le *Voyage de Mondevergue*, publié à leur suite, et dans le *Journal d'un voyage des Grandes Indes*, édité en 1698. Ces trois ouvrages sont résumés, mais avec une ampleur suffisante, dans le tome VIII de l'*Histoire générale des Voyages*, qui est de 1750. Pour avoir une idée de l'histoire des Français à Madagascar au XVIIe siècle, il faut joindre à ces documents les deux ouvrages d'Étienne de Flacourt, parus à Paris en 1661, *Histoire de la grande Isle de Madagascar*, et *Relation de la grande Isle de Madagascar*, et les lettres contenues dans la vaste publication de la *Correspondance de Colbert*, par M. Pierre Clément.

ALGER. — TYPOGRAPHIE ADOLPHE JOURDAN.